孩子入學心理故事系列

怎麼辦？ 我也有長處嗎？

朴惠善　著

金鍍我　圖

新雅文化事業有限公司
www.sunya.com.hk

前言

　　孩子第一天上小學，父母的內心一定十分激動，同時亦少不了擔心：我的孩子能適應學校生活嗎？能跟得上課堂的學習嗎？能和同學們好好相處嗎？

　　從幼稚園升上小學，孩子需要重新適應環境，對孩子來說並不是一件容易的事。比起要求孩子有好的學習態度和學業成績，父母更應該先培養孩子的獨立能力和保持健康的體魄，孩子才有足夠能力面對日後的挑戰。

　　《孩子入學心理故事系列》通過故事形式，將剛升讀小一的孩子可能面對的困難呈現出來。當你的孩子遇到同樣問題時，本系列故事有助啟發孩子思考如何克服它，同時也能啟發父母如何幫助孩子克服困難。

朴信識

資深韓國小學老師

作者的話

「我去上學啦。」

對剛升上小學的孩子來說，「小學生」是一個全新的身分。

你要比上幼稚園的時候更早起牀，要自己吃飯。

還要自己整理書包，要認真上課、專心做功課，

你已經長大了，要比以前更懂事……

各位爸媽，不要再這樣要求孩子了。

小學的運動場比幼稚園的大很多呢，你可以更盡情地玩耍。

你還會認識很多新朋友，會一起歡笑。

同學們都會互相幫助，還會分享心事。

你一定會變得更強壯、更勇敢。

所以，在小學裏一定會比在幼稚園時更開心的……

只要為孩子做好這些心理準備，孩子就會安心地踏進小學校園啦！

現在就用這套故事，協助孩子適應小學的生活吧！

朴惠善

人物介紹

勇勇

勇勇雖然調皮而且愛搞蛋，但是天生力氣大，經常幫大家清潔課室。

艾得

十分害羞，最怕在大家的注視下說話。他的字寫得十分工整。

迪羅老師

非常疼愛她的學生。當學生遇到困難的時候，她會溫柔地開解和幫助他們。

寶拉

性格內向,缺乏自信。她最喜歡植物,也很愛幫助朋友。她笑起來十分好看。

布奇

性格幽默風趣,經常照顧身邊的朋友,會把自己的文具借給同學用。他也很擅長整理物品。

琳琳

琳琳總是有很多憂慮,不喜歡上學。她很有禮貌,最擅長用手工紙摺出各種動物。

貝利

性格大膽勇敢,熱愛運動,十分擅長踢足球。

5

同學們正在球場上踢足球。

「貝利！快接球！」

貝利聽見後，馬上用鼻子上的角把足球頂進了龍門。

「嘩！貝利好帥啊！」同學們一起鼓掌。

6

貝利繞着球場一邊跑，一邊向大家揮手。

「貝利真是一名運動健將呢！」迪羅老師笑着稱讚他。

寶拉羨慕地看着貝利。

在美術課上，大家正在摺紙。琳琳摺出了可愛的小青蛙和漂亮的紅色鬱金香。

「嘩！琳琳摺得真好！」迪羅老師稱讚她。

「琳琳，你可以教我摺鬱金香嗎？」同學們都圍着琳琳問。

「誰把書架整理得這麼整齊呢？」迪羅老師問。

「是布奇在小息時幫忙整理了書架。」同學們說。

「布奇真的很會收拾和整理呢。」

聽見老師的稱讚後，布奇非常高興。

11

「誰幫我們把垃圾扔掉的呢？」迪羅老師問完之後，勇勇立即舉手。

「勇勇的力氣真的很大啊，你自己能拿起這麼重的垃圾箱嗎？」

「當然！因為我是強壯的勇勇。」

「勇勇不怕辛苦，真的很棒呢！」迪羅老師稱讚他。

「這麼漂亮的字，是誰寫的呀？」迪羅老師一邊檢查手冊，一邊問。

「是艾得寫的。艾得的字寫得很漂亮呢。」

「對啊，對啊！艾得是我們班上寫字最漂亮的。」同學們一邊傳閱艾得的手冊，一邊說。

嘩！

手冊
寶拉

艾得

14

1. 默寫
2. 跳繩練習
ㄅㄛ學作業

帶筆記簿
帶種子

15

貝利很會踢足球，琳琳懂得摺紙，布奇擅長整理，勇勇不怕辛苦，艾得寫字很漂亮……

　　我又有什麼長處呢？我有哪些事情是做得好的呢？有嗎？有嗎？有嗎？

　　寶拉坐在自己的座位上思考着。

「寶拉，你在想什麼呢？」迪羅老師來到寶拉身旁。

　　寶拉覺得自己很丟臉，一句話都沒有說。

　　「是不舒服嗎？」

　　寶拉只是搖頭。

　　「有心事的話，可以告訴老師啊。」迪羅老師輕輕地拍着寶拉的肩膀。

　　「我為什麼說不出話來呢？我為什麼覺得這樣丟臉呢？」寶拉心想。

這天，大家一起來種花。

「大家都把種子帶來了嗎？」
迪羅老師問同學們。

寶拉看着自己的種子，這些種
子是去年秋天從外婆家帶回來的。

迪羅老師在花盆上貼上同學們
的名字。

琳琳

貝利

「現在大家把種子放進花盆裏吧。勇勇，你的種子呢？」

「我忘記帶種子了。」

這時候，寶拉把自己的種子遞給了勇勇。

「勇勇，我分一些向日葵種子給你吧。」

「真的嗎？謝謝你，寶拉。」

寶拉覺得很開心。

22

寶拉種的是鳳仙花。她把種子放進花盆後，輕輕地在上面撒了一層泥土。

「鳳仙花呀，你要快高長大，開出漂亮的花朵呀。」

寶拉想像和同學們一起把鳳仙花戴在頭上的情景。

「嘩!長出葉子來了!」

「在哪裏?在哪裏?」

　　星期一的早上,課室裏十分熱鬧。同學們圍在窗台前,一起觀察花盆裏的幼苗。布奇和琳琳的花盆裏長出了手指甲般大小的葉子。

在艾得和貝利的花盆裏，也長出了細小的幼苗，只有寶拉和勇勇的花盆裏還是什麼都沒有長出來。

「你也像我一樣害羞，不敢出來嗎？不要緊，我會等你的。」

寶拉把花盆移到了窗台上陽光更充足的位置。

艾得　　寶拉　　貝利

上課的時候，勇勇一直看着窗台。

「勇勇，你在看什麼呢？」迪羅老師問他。

「我想知道，我的花什麼時候才會發芽。」

「不同的種子，生長速度也會不同，你不用擔心的。」

聽完老師的話後，寶拉覺得更安心了。

有一天，寶拉的花盆裏終於長出了幼苗。

「你好嗎？我是寶拉，我會好好照顧你的。」寶拉跟鳳仙花的幼苗打招呼。

「嘩！我的向日葵種子也長出葉子來了。」勇勇興奮地舉起花盆，向大家展示。

琳琳

貝利

艾得

寶拉

布奇

勇勇

但過了幾天，勇勇的向日葵幼苗卻垂下頭了。

「怎麼辦？我的向日葵好像生病了。」勇勇非常擔心。

「你澆水了嗎？它好像很口渴呢。」

「有啊，我剛剛才澆了一大杯水呢。」

寶拉認真地觀察着勇勇的向日葵花盆，然後她拿着一個空花盆，走向課室外面的花叢。

過了一會，寶拉拿着裝滿泥土的花盆回來了。

「勇勇，你澆水的時候把泥土都沖走了，所以向日葵才會沒精神。只要添加泥土，幼苗就會繼續生長的了。」

「真的嗎？」勇勇瞪大雙眼看着寶拉。

「當然！你不用擔心。」

第二天，向日葵幼苗真的重新抬起頭了。

勇勇高興地說：「嘩！寶拉說得沒錯，幼苗果然復活了！」

「寶拉真的很了解植物呢。」同學們都稱讚寶拉。

寶拉

琳琳

32

　　寶拉最喜歡看植物的生長過程，因此她每天很早便回到學校。鳳仙花已經長出四片葉子了。

　　「要轉動花盆，讓花的另一面也能受到陽光照射。」寶拉輕輕地轉動花盆。

「大家快來看看寶拉種的鳳仙花！」

「為什麼它長得這麼快呢？」

「寶拉好像能聽懂植物說話一樣呢。」

「對呀，寶拉知道植物哪裏生病了，還會幫它們治療呢。」

「寶拉像是一位植物醫生啊！」

同學們都十分羨慕寶拉。

寶拉

又過了幾個星期。

勇勇對寶拉說：「寶拉，你看看我的向日葵吧，它又生病了。」

布奇也把花盆拿給她看：「寶拉，我的蘿蔔好像也不太好。」

琳琳也哭着向她跑過來：「寶拉，我的番茄葉子都枯乾了。」

艾得也很傷心地說：「我的青豆也快枯萎了。」

寶拉認真地觀察同學們的植物。

　　「你給蘿蔔澆太多水了。」寶拉摸了摸泥土後對布奇說。

　　而琳琳的番茄已經枯乾，不能再生長了。

　　「琳琳，我把我的鳳仙花種子給你，你重新再種一棵吧。」

　　「謝謝你，寶拉。」琳琳高興地說。

　　「艾得，你的青豆有一邊的莖長得太幼細了。你要經常轉動花盆，讓植物的兩邊都能充分受到陽光照射。」寶拉細心地教導艾得。

　　「嘩！寶拉真的很了解植物啊。」迪羅老師對寶拉豎起了大拇指。

不用擔心植物不夠水分，因為寶拉有一對神奇的耳朵，能聽到植物的呼喚；寶拉會用她擁有魔法的雙手，好好照顧植物。

41

「可是，勇勇的向日葵怎麼樣了？」迪羅老師擔心地說。

「我們還打算在向日葵開花的時候，一起畫向日葵呢。」琳琳覺得十分可惜。

「我還想在明年將這棵向日葵結的種子，種在我家的花園裏。」艾得也很傷心。

這時候，寶拉卻笑了。

勇勇

43

「是因為花盆太小了。」寶拉害羞地說。

同學們都看着寶拉，「花盆太小了？」

「嗯，向日葵也很想努力長大呢，但是它的家太小了，沒有足夠的地方讓它的根部生長。」

迪羅老師聽後，贊同地點頭，「對啊，對於個子高的向日葵來說，花盆的空間太小了。我們幫向日葵搬家吧！」

46

寶拉和同學們一起把花盆拿到課室外的花叢。他們找了一處陽光充足的地方，把泥土挖開後，寶拉小心地將向日葵放進去，然後再輕輕地蓋上一層泥土，貝利也在泥土上澆水。

　　「現在你可以盡情地生長啦，我們會經常來看你的。」同學們都開心地跟向日葵說再見。

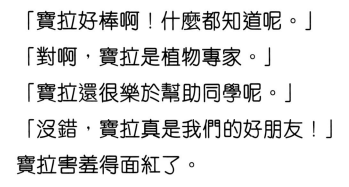

「寶拉好棒啊！什麼都知道呢。」

「對啊，寶拉是植物專家。」

「寶拉還很樂於幫助同學呢。」

「沒錯，寶拉真是我們的好朋友！」

寶拉害羞得面紅了。

「等寶拉的鳳仙花開了，我們一起來做漂亮的花環吧。」迪羅老師說。

「好啊！」同學們興奮地回答。

鳳仙花在陽光的照耀下，茁壯成長。

給父母的話

　　自尊感 (self-esteem) 是決定孩子的幸福感的重要因素。顧名思義，自尊感是對自身的重視和自我尊重，換句話說，即是要讓孩子覺得自己是珍貴的、值得被愛的，讓孩子能感受到人生是充滿幸福的。

　　故事中的寶拉看着擅長踢足球的貝利，擅長摺紙的琳琳，寫字漂亮的艾得，擅長整理的布奇，她覺得自己沒有同學們擁有的長處，所以很難過。但是，寶拉其實很喜歡植物，而且她比其他同學更有耐性去觀察和照顧植物。

　　不是只有學業成績優秀，運動能力強，或在音樂、美術方面有天賦的孩子才可以擁有自尊感的。懂得愛護小生命、心地善良等方面也可以成為孩子自尊感的來源。有時候我們會將自尊感和自尊心 (pride) 混為一談，但自尊心指的是不在別人面前輕易屈服，做事大膽磊落，能堅持自己的意見，也包含比較和競爭的心態。

　　有時候，人們也會將自信感 (self-confidence) 和自尊感混淆。自信感指的是對自己的行動和處事有信心，主要跟成就和能力方面有關。但是自尊感不一樣，自尊感的意思不是要求孩子有一定要比別人優秀或做任何事情都要成功的價值觀，而是要讓孩子明白成績不是一切，

重要的是享受在學校裏的時間，和同學們融洽相處。因此，培養孩子的自尊感是父母和老師的首要任務。如果父母和老師能對孩子的行動給予正面和積極的回應，孩子的自尊感就會增加。

　　我們需要肯定孩子自身的能力，尊重他們的興趣和愛好，同時要給他們更多的主導權和選擇權。父母不應因為自己的期望，而強行要求孩子做事，這樣反而會降低孩子的自尊感。為了讓孩子愉快幸福地生活，父母應該多跟孩子說：「你已經很棒了，我們愛你。」

孫實軒
兒童精神科醫生

孩子入學心理故事系列
怎麼辦？我也有長處嗎？

作　　者：朴惠善
繪　　者：金鍍我
翻　　譯：何莉莉
責任編輯：陳志倩
美術設計：王樂佩
出　　版：新雅文化事業有限公司
　　　　　香港英皇道 499 號北角工業大廈 18 樓
　　　　　電話：(852) 2138 7998
　　　　　傳真：(852) 2597 4003
　　　　　網址：http://www.sunya.com.hk
　　　　　電郵：marketing@sunya.com.hk
發　　行：香港聯合書刊物流有限公司
　　　　　香港荃灣德士古道 220-248 號荃灣工業中心 16 樓
　　　　　電話：(852) 2150 2100
　　　　　傳真：(852) 2407 3062
　　　　　電郵：info@suplogistics.com.hk
印　　刷：中華商務彩色印刷有限公司
　　　　　香港新界大埔汀麗路 36 號
版　　次：二○一九年三月初版
　　　　　二○二二年九月第四次印刷

ISBN: 978-962-08-7212-9
Original title: *Dinosaurs School#5*
Text by Park Hye-sun
Illustrated by Kim Do-ah
Copyright © 2017 Park Hye-sun, Kim Do-ah
All rights reserved
This Traditional Chinese Edition was published by Sun Ya Publications (HK) Ltd.
in 2019 by arrangement with CRAYON HOUSE CO., LTD. through Eric Yang Agency Inc.

Traditional Chinese Edition © 2019 Sun Ya Publications (HK) Ltd.
18/F, North Point Industrial Building, 499 King's Road, Hong Kong
Published in Hong Kong, China
Printed in China